Gepriesen bist du, Herr

Konkrete Liturgie

Gepriesen bist du, Herr

Gebete und Gesänge für Wortgottesdienste mit Kommunionspendung

Zusammengestellt und eingeleitet von
Guido Fuchs

Verlag Friedrich Pustet
Regensburg

Die Deutsche Bibliothek – CIP-Einheitsaufnahme
Ein Titeldatensatz für diese Publikation ist bei
Der Deutschen Bibliothek erhältlich.

ISBN 3-7917-1726-X

Satz und Layout: MedienBüro Monika Fuchs, Hildesheim
Umschlaggestaltung: Martin Veicht. form fünf, Regensburg
Druck und Bindung: Friedrich Pustet, Regensburg
Printed in Germany 2000

Inhalt

Einleitung

Wenn in der „Liturgie der vorgeweihten Gaben“, einem Vespergottesdienst mit Kommunionteil, der in den Kirchen des christlichen Ostens mehrere Male im Jahr stattfindet, der Priester mit dem Diakon die vorkonsekrierten Gaben durch den Kirchenraum zum Altar überträgt, werfen sich alle Gläubigen auf den Boden und verharren in dieser unbequemen Haltung, bis die Prozession im Altarraum hinter der Ikonostase angelangt ist. Auch der Chor, der zu Beginn dieses Ritus den Begleitgesang zur Übertragung der heiligen Gaben angestimmt hat – „Himmlische Mächte dienen jetzt unsichtbar mit uns. Denn siehe, es naht der König der Herrlichkeit.“ –, schweigt solange. Erst wenn der Priester in das Heiligtum eingetreten ist, stehen die Gläubigen auf und setzt der Chor den Hymnus fort: „Seht, das vollzogene Opfer wird einhergetragen. Gläubig und voll Liebe laßt uns herzutreten, um teilhaftig des ewigen Lebens zu werden. Alleluja, alleluja, alleluja.“

Dieser eindrucksvolle Ritus zeigt die tiefe Ehrfurcht, mit der die geweihten Gaben – „das vollzogene Opfer“ – zunächst in und von der Gemeinde empfangen werden, bevor jeder einzelne in der Kommunion Anteil daran erhält. Wie dürftig nimmt sich dagegen oftmals die Übertragung des Allerheiligsten in einer sogenannten „Kommunionfeier“, einem Wortgottesdienst mit Kommunionspendung, bei uns aus: Das Gefäß mit den vorkonsekrierten Hostien wird vom Tabernakel zum Altar gebracht, dort hingestellt und mit einer Kniebeuge verehrt. Eine Besonderheit ist darin kaum zu erkennen, denn auch in den Eucharistiefeiern werden häufig – gegen den ausdrücklichen Wunsch des Meßbuches – vorkonsekrierte Hostien vom Tabernakel zum Altar gebracht, um in der Kommunion ausgeteilt zu werden. Es besteht somit für die Gläubigen kein großer Unterschied zwischen dem Kommunionteil der Eucharistie und dem eines Wortgottesdienstes. Allenfalls die Übertragung des Allerheiligsten am Karfreitag vom Aufbewahrungsort zum Altar zeigt etwas von dieser großen Ehrfurcht, wie es oben für den byzantinischen Ritus beschrieben ist. In welcher Weise können wir hiervon Anregungen für die Gestaltung des Kommunionteils bei Wortgottesdiensten mit Kommunionspendung erhalten?

Das Direktorium „Sonntäglicher Gemeindegottesdienst ohne Priester", das 1988 von der Kongregation für den Gottesdienst herausgegeben wurde, sieht vor, daß nach der Übertragung des Allerheiligsten vom Tabernakel zum Altar eine Zeit der Anbetung ist: „Der Leiter geht zum Tabernakel oder dorthin, wo die Eucharistie aufbewahrt wird, macht ein Zeichen der Verehrung und überträgt die Schale mit dem Allerheiligsten zum Altar. Dann kniet er vor dem Altar nieder und betet zusammen mit den Gläubigen einen Hymnus, einen Psalm oder ein litaneiartiges Gebet, die in diesem Fall an den in der heiligen Eucharistie gegenwärtigen Christus gerichtet sind."[1] Die vom Deutschen Liturgischen Institut herausgegebene Hilfe „Wort-Gottes-Feiern am Sonntag" nennt ein „Sakramentslob", das die Übertragung des Allerheiligsten begleitet und ihr folgt. Weiter heißt es hier: „Es muß so gestaltet sein, daß es auf keinen Fall mit dem Eucharistischen Hochgebet verwechselt werden kann. Das Sakramentslob setzt sich zusammen aus einem Sakramentslied und einem Gebet zur Verehrung der heiligen Eucharistie."[2]

Das vorliegende Büchlein enthält neben einer Anzahl von **Gebeten** und **litaneiartigen Texten** auch eine ganze Reihe von **Liedern**, die während der Übertragung gesungen werden können und zugleich die Grundlage und das Motiv geben für eine sich anschließende Anbetung. Diese kann mit einer letzten Strophe des Liedes beschlossen werden. Dieser Lobpreis ist, wie es schon das „Direktorium" sagt, an Jesus Christus gerichtet. Deshalb kommen hier eigentlich keine Texte in Frage, die sich an den Vater wenden. Auch die bisweilen vorgeschlagene „Litanei von der Gegenwart Gottes" (GL 764) meint eigentlich eine andere Gegenwart als die Gegenwart Christi in der Gestalt des Brotes. Wichtig ist der Raum der **Stille**, der vor und nach der Spendung der Kommunion gewährt wird, damit man seine Seele „in die Sonne halten" kann (vgl. S. 73), sowie die **Ruhe**, in der die Gebete vorgetragen werden sollen. Weiterhin findet man in dem Buch auch noch **Einladungen zur Kommunion** und **Gebete zur Danksagung** nach der Kommunion.

Eine an den Wortgottesdienst angebundene Kommunionfeier ist noch kein eucharistisches „Mahl". Nicht nur das Unterbleiben des Trinkens, auch die fehlende Brotbrechung und der vorausgehende dankende Lobpreis Gottes über Brot und Wein lassen es nicht zu, die Spendung der Kommunion unter der Gestalt des Brotes allein als „Mahl" zu bezeichnen – auch wenn dies gelegentlich sogar amtlicherseits so geschieht.[3] Von daher eignen sich als Schlußgebete nach der Kommunion meist auch keine Texte des Meßbuches, in denen eben häufig vom „Mahl" die Rede ist. Auch sind Formulierungen besser zu vermeiden, in denen gesagt wird, daß wir „Gäste am Tisch des Herrn" waren. Damit würde man die entfaltete Form des eucharistischen Mahles in der Meßfeier desavouieren. Allerdings sollte dann der Kommunionteil einer Messe in seiner eigentlichen Form auch erlebt werden dürfen (keine Hostien aus dem Tabernakel, Kommunion unter beiderlei Gestalt u. a. m.)[4]. Das vorliegende Büchlein enthält daher auch einige **Schlußgebete**, die sich unter diesen Gesichtspunkten für einen Wortgottesdienst mit Kommunionfeier eignen.

Die Gestaltung eines Wortgottesdienstes mit einer anschließenden Kommunionfeier wird von verschiedenen Seiten sehr kritisch betrachtet. Zwar gibt es in der Geschichte der Kirche eine lange Tradition für solche Feiern – die eingangs erwähnte Präsanktifikatenliturgie in den Kirchen des Ostens etwa wie auch der Karfreitagsgottesdienst der katholischen Kirche zeigen diese Tradition noch heute. Doch nie gab es Kommunionfeiern in so großer Zahl in einem geradezu flächendeckenden Ausmaß. Die theologischen und liturgischen Defizite und Verkürzungen, die durch die Feier solcher Wortgottesdienste mit Kommunionspendung gegeben sind, können auf Dauer das Verständnis der Eucharistie als Mahlfeier und Vergegenwärtigung der liebevollen Hingabe Christi in seinem Opfer am Kreuz schwer beeinträchtigen. Von daher sollte jede Gemeinde prüfen, inwieweit nicht besser unterschiedliche Wort-Gottes-Feiern ohne Kommunionspendung an ihre Stelle treten können.[5] Auch in ihnen begegnet uns Christus selbst in der realen Gegenwart seines Wortes und im Zeichen der versammelten Schwestern und Brüder im Glauben.

Wo es aber aus pastoralen Gründen notwendig erscheint, daß ein Wortgottesdienst mit Kommunionspendung gefeiert wird, möge er so gestaltet sein, daß die Andersartigkeit der Eucharistiefeier und zugleich ihre Hochschätzung durch die Art und Weise der Kommuniongestaltung dabei zum Ausdruck kommt:

Gott ist gegenwärtig – schweige und staune!

Zur Gestaltung der Kommunion in einem priesterlosen Gottesdienst

(wenn die Hostien aus dem Tabernakel genommen werden)

Zu Beginn des Kommunionteils geht der/die Kommunionspender/in während des Gesangs zur Übertragung zum Tabernakel, öffnet ihn, macht eine Kniebeuge und bringt die konsekrierten Hostien zum Altar. Er/Sie stellt das Ziborium (bzw. die Hostienschale) auf den Altar (auf das Korporale) und hebt den Deckel ab. Danach kniet er/sie sich zum Lobpreisgebet bzw. zum Lied, das noch andauert, vor dem Altar nieder und stimmt gegebenenfalls das Gebet an (danach eventuell das Vaterunser [und den Friedensgruß]). Dann tritt er/sie wieder zum Altar, zeigt den Gläubigen eine konsekrierte Hostie und spricht: „Seht das Lamm Gottes…“. Dabei hebt er/sie Hostie und Ziborium (bzw. Hostienschale) ein wenig an. Nach dem „Herr, ich bin nicht würdig…“ lädt er/sie die Gläubigen zur Kommunion mit einem entsprechenden Kommunionvers ein. Danach kommuniziert er/sie selbst und reicht an den Stufen des Altares den Gläubigen das heilige Brot. (Sind mehrere Kommunionspender/innen anwesend, reichen sie sich gegenseitig den Leib des Herrn.) Nach Beendigung der Kommunion der Gläubigen trägt er/sie die übriggebliebenen Hostien im Ziborium (bzw. Hostienschale) zum Tabernakel zurück, macht eine Kniebeuge und verschließt den Tabernakel. Im Ablutionsgefäß (kleines Gefäß mit Wasser) reinigt er/sie die Fingerspitzen. Vom Tabernakel aus geht er/sie zurück an die Sedilien und setzt sich. Es schließt sich die Danksagung an.

Zu überlegen ist, ob nicht bei Wortgottesdiensten mit Kommunionspendung der/die Kommunionspender/in **nach** den übrigen Gottesdienstteilnehmern als letzte/r kommuniziert. In Eucharistiefeiern kann man dies gelegentlich erleben, was dort aber aus liturgietheologischen und -historischen Gründen verfehlt erscheint. Hingegen wäre es ein Zeichen für den Dienst, den der/die Kommunionspender/in für die anderen übernimmt, wenn er/sie diesen zuerst die Kommunion reicht. Er/Sie handelt ja nicht *in persona Christi* oder als „Hausvater“ bzw. „-mutter“ beim Mahl, sondern ist Gleiche/r unter Gleichen.

Die Übertragung können – ähnlich wie beim Karfreitagsgottesdienst – Ministranten mit brennenden **Kerzen** begleiten. Auch **Weihrauch** kann vorangetragen werden. Die Kerzen können auf bzw. neben den Altar gestellt werden. Nach dem Öffnen des Gefäßes und einer Kniebeuge kann der/die Kommunionspender/in das Allerheiligste inzensieren: Das Sakrament bleibt verehrungswürdig, auch wenn es von Christus eingesetzt wurde, damit es genossen werde.[6]

Vor der Übertragung bzw. zu Beginn des Gottesdienstes kann in folgenden oder ähnlichen Worten gesagt werden:
„Auch wenn wir an diesem Tag nicht Eucharistie miteinander feiern können, so dürfen wir doch die Gegenwart Christi, unseres Herrn, unter uns erfahren: in der Zusage seines Wortes, in der Gemeinschaft von uns allen. Das eucharistische Brot, das uns jetzt geschenkt wird, verbindet uns mit der Eucharistiefeier, die wir am vergangenen Sonntag (in der vergangenen Woche) gefeiert haben (die in der Gemeinde von N. N. gefeiert wurde). Die bleibende Gegenwart des Herrn im eucharistischen Brot ist ein kostbares Gut, das den Glauben nährt, die Hoffnung stärkt und die Liebe unter uns und zu Gott festigt.“[7]

Schema eines Wortgottesdienstes mit Kommunionspendung

Eröffnung: *Der Herr ist in unserer Mitte*

- Lied zur Eröffnung
- Kreuzzeichen (und Gruß)
- Einführung
- Bußakt (evtl. auch als Lied)
- Kyrie-Rufe
- (Gloria)
- Gebet (Tagesgebet)

Wortgottesdienst: *Der Herr spricht zu uns*

- Lesungen(en)
- Antwortgesang oder/und Ruf vor dem Evangelium
- Evangelium
- (Kurze Homilie)/Besinnung
- (Glaubensbekenntnis)
- Fürbitten

Kommunionfeier: *Der Herr nährt uns*

- Lied zur Übertragung
- Lobpreisgebet
- Vaterunser*

(• Friedensgruß)
- Lied zur Kommunion
- Kommunionspendung
- Lied/Gebet zur Danksagung
- Schlußgebet

Schluß: *Der Herr segnet uns*

- Mitteilungen
- Segensbitte und Entlassung
- Lied zur Entlassung

* *Vaterunser (und Friedengruß) können sich organisch auch an die Fürbitten anschließen.*

Lieder und Liedstrophen zur Übertragung und Verehrung

Nicht alle Lieder, die von der Gegenwart Gottes handeln oder vom Mahl sprechen, eignen sich als Gesänge zur Übertragung und Verehrung der Eucharistie. Gelegentlich muß man einzelne Strophen auswählen.

- GL 183 (Wer leben will wie Gott auf dieser Erde)
- GL 274 (Dich will ich rühmen, Herr und Gott)
- GL 298 (Herr, unser Herr, wie bist du zugegen)
- GL 472 (O Jesu, all mein Leben bist du)
- GL 483 (Wir rühmen dich, König - *in Auswahl*)
- GL 493 (Lob sei dem Herrn)
- GL 511 (Herr Jesus! Du bist das Lamm)
- GL 538 (O heilger Leib des Herrn)
- GL 540 (Sei gelobt, Herr Jesus Christ)
- GL 544 (Das Geheimnis laßt uns künden – *in Auswahl*)
- GL 546 (Gottheit tief verborgen)
- GL 547 (Das Heil der Welt)
- GL 550 (O liebster Jesu, denk ich dein)
- GL 551,1.5 (Schönster Herr Jesu)
- GL 554,1–2 (Wie schön leuchtet der Morgenstern)
- GL 555,1.6 (Morgenstern der finstern Nacht)
- GL 564 (Christus Sieger, Christus König)
- GL 617 (Nahe wollt der Herr uns sein)
- GL 618 (Brich dem Hungrigen dein Brot)
- GL 620 (Das Weizenkorn muß sterben)
- GL 621,1.3 (Ich steh vor dir mit leeren Händen)

Anmerkungen

[1] *Kongregation für den Gottesdienst, Direktorium „Sonntäglicher Gemeindegottesdienst ohne Priester“ (1988), Nr. 45.*

[2] *Wort-Gottes-Feiern am Sonntag. Erfahrungen und Anregungen, hg. vom Deutschen Liturgischen Institut Trier (Pastoralliturgische Hilfen 12), Trier 1998, 41.*

[3] *Kommunionspendung und Eucharistieverehrung außerhalb der Messe. Studienausgabe, hg. von den Lit. Instituten Salzburg, Trier und Zürich, Einsiedeln 1971, Einführung 19.*

[4] *Vgl. dazu auch: Mehr als Brot und Wein. Der Kommunionteil der Messe, hg. vom Deutschen Liturgischen Institut Trier, 1999. – Vgl. auch Guido Fuchs, Mahlkultur. Tischgebet und Tischritual, Regensburg 1998, 286–289.*

[5] *Vgl. dazu: Guido Fuchs, Es muß nicht immer »Messe« sein. Feierformen im Kirchenjahr. Verlag Friedrich Pustet, Regensburg 1999 (Konkrete Liturgie).*

[6] *Vgl. die Instruktion „Eucharisticum mysterium“ (1967), Nr. 3.*

[7] *Vgl. Wortgottesdienst am Sonntag, hg. vom Erzbischöflichen Ordinariat Freiburg i. Br. 1995, 94.*

Lobpreisgebete

JESUS CHRISTUS,
nimm die Gebete an,
die wir, vor dir versammelt,
an dich richten.

Hier ist deine Herde,
die du gesammelt hast,
deine Herde,
die dein belebendes Wort gehört hat,
die sich vornimmt, es zu bewahren,
zu befolgen und weiterzutragen.

O Jesus Christus,
der du uns speist mit deinem Leib,
dir kommen wir entgegen.
Wir brauchen für unsere Berufung neue Kraft,
innere Vollkommenheit
und Bereitschaft zum Opfer.

Du bist das unnachahmliche Vorbild
in Wort und Tat.
Unser erstgeborener Bruder,
du bist unseren Schritten vorausgegangen.
Du hast die Schuld
eines jeden von uns vergeben.

Du leitest uns an zum Zeugnis des Lebens
in deinem Namen.

O Jesus Christus,
sammle alle Völker um deinen Tisch!
Dieser Tisch
ist die göttliche Wirklichkeit auf Erden,
Unterpfand himmlischer Gnade.
Von hier geht Kraft der Gemeinschaft aus
unter den Völkern.
Von dir genährt werden die Menschen
stark sein im Glauben,
freudevoll in der Hoffnung,
tätig und bemüht in
Werken geschwisterlicher Liebe.

Du stärkst den Willen,
die Hinterlist des Bösen zu überwinden,
die Versuchung des Egoismus
und die Trägheit zu besiegen.
Du öffnest den Blick
in das Land der Lebendigen,
dessen Abbild sich in deiner Kirche zeigt,
wo sie glaubt, leidet und überwindet.

Wir danken dir im Aufblick zur Gottesstadt,
wir stimmen ein in den ewigen Lobgesang,
der schon hier auf Erden erklingt.

Ja, Herr Jesus Christus,
weide uns, schütze uns,
laß uns das Gute schauen
im Lande der Lebendigen.
Amen. Halleluja.

HERR, HILF UNS,
dich zu erkennen,
auf dich zu vertrauen
und dich zu lieben.
Hilf uns,
so in dir zu leben
und uns in dir zu bergen,
daß alle unsere Gebete
in dir zum Vater
hingetragen werden und zu ihm gelangen,
und schenke uns daraus die Gewißheit,
daß wir Erhörung finden.

Herr Jesus,
vermehre unseren Glauben.
Steh uns bei,
uns Zeit zum Warten
und zum Stehen vor Gott
im Loben und Danken zu nehmen,
bis unser Glaube
all das zu fassen vermag,
was unser Gott für uns
bei sich bereithält.
Denn unser Glaube
kann nur wachsen,
wenn wir beten,
wenn wir ihn üben,
wenn wir zu warten vermögen
vor dem lebendigen Gott,
und nur im Gebet,
im Üben des Glaubens
und im Warten
werden wir fähig,
die Herrlichkeit
der heiligsten Dreifaltigkeit
zu schauen.

Herr,
wir tragen so vieles
in unserem Herzen,
so vieles,
worum wir dich bitten möchten.
Aber laß uns immer daran denken,
daß uns mehr als an allen Gaben,
um die wir bitten,
an der Freundschaft
und an der Liebe Gottes
liegen muß.

Hilf uns, im Schweigen zu warten.
Schaff dem Heiligen Geist Raum
in unseren Herzen,
damit er mit seinem
unaussprechlichen Seufzen
für all das eintreten kann,
wofür wir keine Worte finden:
für unsere Sehnsucht nach Frieden
in der Welt,
für unsere Not und Hilflosigkeit
angesichts der Armut,
der Krankheit,
des Hungers und der Grausamkeit,

für all die Sorgen,
die zum festen Bestandteil
unseres Daseins geworden sind
und die das Herz aller Menschen
bluten lassen,
die dich lieben
und in der Liebe zu dir
ihre Mitmenschen lieben.

In dir verherrlichen wir den Vater
und bitten den Vater,
daß er auch dich verherrliche,
indem er die Gebete erhört,
die der Heilige Geist
für uns spricht.
Amen.

HERR JESUS CHRISTUS,
du erleuchtest die Herzen der Gläubigen
durch deinen Geist.
Du bist jetzt gegenwärtig
in unserer Mitte
und willst uns mit deiner Kraft erfüllen.
Wir bitten dich:
Bereite uns,
daß wir würdig
deine Geheimnisse empfangen
und dich lieben lernen,
wie du uns geliebt hast.
Bleibe du die Mitte
unseres Tuns,
damit die Menschen
dich in uns erkennen
und Gott als ihren Vater im Himmel preisen.
Amen.

SEI GEGRÜSST, HERR JESUS CHRISTUS,

im heiligen Sakrament des Altares.
Sei gegrüßt, Herr Jesus Christus,
du bist das Brot,
das vom Himmel kommt,
das Brot, das Leben ist
und Leben spendet.
Sei gegrüßt, Herr Jesus Christus,
du bist die Liebe,
die uns alle zusammenschließt,
der Frieden, der uns eint
zur Gemeinschaft mit dir.
Sei gegrüßt, Herr Jesus Christus,
du bist die Quelle,
aus der das Wasser des Lebens strömt,
die Quelle,
aus der die trinken,
die dürsten nach Gott.
Sei gegrüßt, Herr Jesus Christus,
gelobt und gepriesen:
Mit allen Engeln und Heiligen
beten wir dich an.
Amen.

LOB SEI DIR, CHRISTUS, GOTTESLAMM,
der du über den Engeln thronst.
Mit ihnen, den Aposteln und allen Heiligen
preisen wir dich, Herr.
Du kamst zu uns als Mensch,
um unsere Niedrigkeit zu erheben.
Dir singen wir, du bist der Hirte,
der uns die Güte Gottes zeigte.
Wir wollen einander lieben,
wie du uns geliebt hast,
denn wo Güte und Liebe ist,
da ist auch Gott, in dem die Liebe vollkommen ist.
Dem Vermächtnis deiner Liebe
wollen wir in Ehrfurcht nahen:
Du nährst uns mit einem Brot, das du selber bist.
So treten wir vor dich, die Herzen gereinigt.
Wir empfangen deinen Leib
zur Vergebung der Sünden
und zum ewigen Leben.
Herr, gedenke aller, die dir dienen.
Schenke Frieden uns und unserer Zeit.
Laß unsere Verstorbenen dein Licht schauen
und zeige auch uns dereinst dein Angesicht.
Lob sei dir, Christus, Gotteslamm.
Amen.

HERR JESUS CHRISTUS,
ich nehme deine Einladung an
und komme zu dir
mit all meinen Sorgen, Schwächen und Sünden.
Ich möchte abkehren vom Bösen
und mich dir zuwenden:
Hilf mir, Herr.
Ich setze mein Vertrauen auf dich,
du bist der Sohn des lebendigen Gottes:
Erbarme dich, Herr.
Ich glaube von ganzem Herzen,
was ich mit dem Mund bekenne:
Du bist mein Erlöser, mein Herr und mein Gott.

Dein heiliger Leib,
den ich nun empfangen werde,
gereiche mir nicht zum Gericht,
sondern zum ewigen Leben.
Ich danke dir, daß du dich meiner annimmst.
Ich will mich deinem Heiligen Geist öffnen
und dir nachfolgen alle Tage meines Lebens.
Ich vertraue dir, ich überlasse mich dir.
Mach mich immer mehr zu eigen dir.
Amen.

HERR JESUS CHRISTUS,
du hast uns durch dein Wort gerufen,
damit wir mit dir zum Vater gehen.
Du bist das Licht,
das uns erleuchtet
auf diesem Weg;
du bist das Brot,
das uns stärkt
und uns mit Kraft erfüllt;
du bist der Meister,
auf den wir hören
und dem wir folgen wollen.

Präge dein Wort tief in unser Herz ein.
Laß uns auf dein selbstloses Leben schauen
und Mut gewinnen
durch deine Nähe.
Erfülle uns mit deinem Leben,
damit wir den Vater verherrlichen
und den Menschen dienen.
Erlöse uns von aller Sünde
und entferne aus unseren Herzen,
was uns hindert,
deine Gegenwart zu spüren.

Gib uns deinen Heiligen Geist,
damit sich deine Verheißungen
an uns erfüllen.
Darum bitten wir dich, Jesus Christus,
der du mit deinem anfanglosen Vater
lebst und wirkst im Heiligen Geist
heute und alle Tage unseres Lebens.
Amen.

HERR JESUS CHRISTUS
wir sind gekommen,
dich zu suchen und dir zu begegnen.
Du bist einer von uns geworden
und kennst uns Menschen.
Du weißt, wie bedürftig wir sind,
worauf wir hoffen
und wohin unsere Sehnsüchte gehen.
Komm uns entgegen,
heile uns und stille unser Verlangen.
Schau auf uns, die wir vor dir knien:
Wir tun dies nicht vor Menschen,
sondern vor dir, Gottes Sohn,
du Licht vom Licht,
du wahrer Gott vom wahren Gott.
Laß es uns nicht vergessen,
wer du bist.
Laß uns aber auch immer daran denken,
wie du für uns bist:
Ein menschenliebender Gott,
der sich für uns hingibt,
damit wir leben können.
Herr, wir danken dir –
heute und alle Tage unseres Lebens.
Amen.

Lieder und Gebete

Die Lieder bzw. Liedstrophen werden zur Übertragung gesungen, es schließen sich dann die Gebete bzw. Wechselgebete an, die den Gedanken des Liedes aufgreifen. Sie können wiederum mit einer Liedstrophe beschlossen werden.

GL 493
Lob sei dem Herrn

WIR DANKEN DIR, HERR,
daß du uns einlädst und keinen ausschließt.
Du stellst keine Vorbedingungen
für die Gemeinschaft, die du uns schenkst:
Allen wird Heil, die dir vertraun.
Wir danken dir, Herr,
Sohn Gottes, Bruder und Freund der Menschen,
auch für dein Wort
und für deine Nähe,
für alles, was du uns getan hast und für uns tust.
Hilf uns, daß wir anderen sein können,
was du für uns bist:
Bruder und Schwester.
Hilf uns dazu durch dein heiliges Brot,
an dem wir jetzt alle Anteil erhalten
und in dem wir eins werden im Heiligen Geist.
Herr, erhalte uns in deiner Gemeinschaft,
damit der Friede Gottes, den wir suchen,
sich auch durch uns verbreite
alle Tage unseres Lebens.
Amen.

GL 620
Das Weizenkorn muß sterben

HERR JESUS CHRISTUS, DU HAST GESAGT
„Ich bin das Brot des Lebens.
Wer zu mir kommt,
der wird nicht mehr hungern."
Herr, wir kommen zu dir,
weil wir hungrig sind –
nicht im wirklichen Sinn,
aber hungrig nach Verständnis und Anerkennung;
hungrig nach Verzeihung und Versöhnung;
hungrig nach Liebe und Gemeinschaft.
Um uns satt zu machen,
wurdest du zum Weizenkorn
und zum Lebensbrot.
Du bist für uns gestorben
und wurdest in die Erde gelegt,
um Frucht zu bringen.
Keime in uns auf!
Erfülle uns mit deiner lebendigen Kraft!
Stärke und belebe uns,
damit wir das Leben erhalten,
das ewige Leben bei dir.
Amen.

GL 183
Wer leben will wie Gott auf dieser Erde

HERR JESUS CHRISTUS,
du Gott von Gott
und unser aller Bruder:
Du wurdest Mensch um unsretwillen,
und gabst dich für uns in den Tod,
damit wir aus dir leben
und dorthin finden,
woher du bist.
Wenn wir das Brot essen,
das du selber bist,
gedenken wir deiner Erniedrigung;
wir verkünden deinen Tod,
bekennen deine Auferstehung
und erwarten, daß du kommst.
Laß uns die Gemeinschaft,
die wir mit dir und untereinander
in diesem Brote haben,
spürbar werden in unserem Leben
und zum Vorgeschmack der ewigen Gemeinschaft
mit dir und deinem Vater im Heiligen Geist.
Amen.

GL 546
Gottheit tief verborgen

HERR JESUS CHRISTUS,
was wir sehen, fühlen und schmecken
ist eine Hostie, ist Brot.
Doch unser Glaube sagt uns:
Du selbst bist hier
mit deinem wahren Wesen;
mit deiner Liebe zu uns
und deiner Hingabe an Gott.
Wie dieses Brot gewandelt wurde
in deinen heiligen Leib,
so werden auch wir gewandelt,
wenn wir uns wie du
Gott ganz im Glauben überlassen.
So gib mit dieser Speise
deinen Geist in unser Herz.
Laß uns in dir und aus deinem Geist
leben für Gott
und unsere Schwestern und Brüder.
Dir sei die Ehre und der Lobpreis in Ewigkeit.
Amen.

GL 544,1–2.5–6
Das Geheimnis laßt uns künden

HERR JESUS CHRISTUS,
du hast uns versprochen,
bei uns zu bleiben
bis an das Ende der Zeit.
Du bist jetzt bei uns
in der unscheinbaren Gestalt
des Brotes.
Wie Brot willst du dich uns geben,
gebrochen, verteilt, verzehrt.
Das ist deine Gegenwart:
Sie will uns nähren, stärken und verbinden
zu einem Leib –
zu deinem Leib.
In ihm sollen auch wir
uns einander nahe sein,
uns helfen und lieben.
Herr, hilf uns dazu mit deinem
Heiligen Geist.
Herr, wir danken dir.
Amen.

GL 555,1
Morgenstern der finstern Nacht

HERR JESUS, DU MORGENSTERN,
du willst zu mir kommen
mit deinem Licht,
um all das Dunkel auszuleuchten,
das in mir ist:
Komm, Herr,
in meine Verschlossenheit –

A: *Amen, komm, Herr Jesus (nach GL 686).*

V: in meine Mutlosigkeit –
V: in meine Kleingläubigkeit –
V: in meine Hoffnungslosigkeit –
V: in meine Lieblosigkeit –
V: in meine Unfreundlichkeit –
V: in meine Unbarmherzigkeit –
V: in mein Versagen –
V: in meine Leere –
V: in meine Abgründe –
V: in meine Dunkelheit.
Herr, ich danke dir, daß du kommst,
daß du trotzdem kommst. Amen.

GL 555,6

GL 617
Nahe wollt der Herr uns sein

HERR JESUS CHRISTUS,
du bist mitten unter uns –
verborgen, aber jedem einzelnen von uns nah.
So ist auch das Reich deines Vaters,
das du uns verkündigt hast,
unter uns angebrochen
und erfahrbar in der Liebe,
die wir einander erweisen.
Mache uns bereit für dich und das Reich Gottes,
und füreinander brauchbar,
wenn wir nun von dem Brot essen,
das dein heiliger Leib ist,
und das du selbst uns reichst.
Mitten unter uns stehst du, Herr.
Sei du auch unsere Mitte.
Amen.

GL-Diözesananhänge
O Herr, ich bin nicht würdig

O HERR,
würdig sind wir wirklich nicht,
dich zu empfangen,
wenn wir daran denken,
wer du bist
und wer wir sind.
Aber wir sind als Menschen,
die nach Gott fragen und ihn suchen,
gewürdigt worden,
deine Schwestern und Brüder zu sein,
Kinder des einen Vaters im Himmel.
So sei uns jetzt nahe,
nimm die Last, die wir mit uns tragen,
von unserer Seele,
damit uns nichts mehr beschwert.
Tritt ein unter unser Dach,
sei unser Gast
und segne uns.
Amen.

GL 618
Brich dem Hungrigen dein Brot

HERR JESUS CHRISTUS,
deine Jünger erkannten dich,
als du mit ihnen zusammen warst
und ihnen das Brot brachst.
Du bist unerkannt auch mit uns gegangen
und hast uns die Schrift erschlossen.
Du bist jetzt in unserer Gemeinschaft
und willst dich uns geben
in der unscheinbaren Gestalt des Brotes.
Laß unsere Augen aufgehen,
wie den Jüngern in Emmaus;
laß uns dich erkennen
als unseren Herrn und Gott,
und laß unser Herz brennen
in der Begegnung mit dir.
Amen.

Lied S. 76
Ich will glauben: Du bist da

DREIEINER GOTT,
in dir leben wir,
bewegen wir uns und sind wir.
Deine Gegenwart umhüllt uns
und durchdringt uns
wie die Luft, die wir atmen
und ohne die wir nicht leben könnten.
Rühre uns an, berühre uns mit deiner Gegenwart:
Laß uns dich schauen,
Gott, himmlischer Vater,
mit den Augen unseres Herzens;
mach uns empfänglich,
Gott, Heiliger Geist,
für dein Wirken in der Welt;
öffne unsere Augen,
Gott, Bruder der Menschen,
für das Wunder dieses Brotes.
Gott, du bist uns nah.
Du kommst zu uns.
Du gibst uns Anteil an dir.
Öffne unsre Augen, Herr,
für das Wunder dieses Brotes. Amen.

Lied S. 77
Strahlen brechen viele aus einem Licht

HERR JESUS CHRISTUS,
in dir sind wir eins,
wenn wir von dem Brot essen,
das du uns reichen willst,
wenn wir deinen Leib empfangen,
der du selber bist
und den du für uns hingegeben hast.
Laß uns leben aus deinem Licht
als Licht von deinem Licht:
ein Licht für die Welt.
Laß uns leben aus deiner Kraft
als Reben an deinem Weinstock,
die Frucht bringen für die Menschen.
Laß uns leben als deine Glieder,
als Glieder *eines* Leibes
und Zeugen deiner Liebe.
Herr,
wie du eins bist mit deinem Vater,
so laß auch uns eins sein,
eins sein in dir,
damit die Welt glaube.
Amen.

Lieder und Wechselgebete

GL 555,1–2.5
Morgenstern der finstern Nacht

SO SPRICHT DER HERR:
Ich bin die Wurzel und der Stamm Davids,
ich bin der strahlende Morgenstern,
der Stern, der aus Jakob aufgeht
und allen leuchtet, die in Finsternis sitzen
und im Schatten des Todes.

A: *Amen, komm, Herr Jesus.*

V: Jesus sagt:
Ich bin das Licht der Welt.
Wer mir nachfolgt,
wird nicht im Finstern wandeln,
sondern das Licht des Lebens haben.

A: *Amen, komm, Herr Jesus.*

V: Ja, Herr, du bist das wahre Licht,
das jeden Menschen erleuchtet.
Du kommst in die Welt,
und allen, die dich aufnehmen,
gibst du die Macht,
Kinder Gottes zu werden.

A: *Amen, komm, Herr Jesus.*

V: Du Licht vom Licht,
du wahrer Gott vom wahren Gott:
Öffne uns Blinden die Augen,
befreie uns von der Sünde
und laß uns an dich glauben
als den Herrn, unseren Gott.

A: *Amen, komm, Herr Jesus.*

Lasset uns beten.
Herr Jesus Christus, du bist Mensch geworden, um uns mit dem Glanz deines göttlichen Lichtes zu erfüllen. Komm jetzt zu uns, erfülle und erleuchte uns, damit wir selbst zum Licht in der Welt werden und unser Licht vor den Menschen leuchten lassen, damit sie Gott erkennen und als ihren Vater im Himmel lobpreisen. Amen.

GL 555,6

GL 107,1.4
Macht hoch die Tür

HERR, DU BIST EIN KÖNIG.
Du sagst: Ich bin dazu geboren
und in die Welt gekommen,
um für die Wahrheit Zeugnis abzulegen. –
Alle, die aus der Wahrheit sind,
hören auf meine Stimme.

A: *Der Herr wird kommen als König. –*
Kommt, wir beten ihn an (GL 674).

V: Gepriesen bist du, Herr,
du kommst im Namen des Herrn,
du, König deines Volkes –
König ohne Königreich,
König ohne Königsmacht,
König am Kreuz.

A: *Der Herr wird kommen als König. –*
Kommt, wir beten ihn an.

V: Du König in Knechtsgestalt,
der auf einem Esel reitet:
Du bist gerecht und hilfreich,
demütig und von Herzen gütig.
Du willst uns Ruhe verschaffen
für unsere Seelen.

A: *Der Herr wird kommen als König. –*
Kommt, wir beten ihn an.

Lasset uns beten.
Herr Jesus Christus, wir suchen dich und fragen nach dir. Wir haben uns bereitet und stehen nun an heiliger Stätte. Schenke uns deinen Segen, laß uns dein Heil empfangen und Heilung für unsere Seelen erlangen. Mach weit die Tore unseres Herzens, daß wir dich aufnehmen können als den König der Herzen. Amen.

GL 107,5

GL 140,1–4
Zu Betlehem geboren

IM ANFANG WAR DAS WORT,
und das Wort war bei Gott,
und das Wort war Gott.
In ihm war das Leben,
und das Leben war das Licht der Menschen.

A: *Der Herr ist uns geboren. –*
Kommt, wir beten ihn an (GL 674).

V: Und das Wort ist Fleisch geworden
und hat unter uns gewohnt,
und wir haben seine Herrlichkeit gesehen,
die Herrlichkeit des einzigen Sohnes vom Vater,
voll Gnade und Wahrheit.

A: *Der Herr ist uns geboren. –*
Kommt, wir beten ihn an.

V: Gott ist das Licht,
und Finsternis ist nicht in ihm.
Wenn wir im Lichte leben,
wie er im Licht ist,
haben wir Gemeinschaft miteinander.

A: *Der Herr ist uns geboren. –*
Kommt, wir beten ihn an.

V: Wer sich an Gottes Wort hält,
in dem ist die Gottesliebe wahrhaft vollendet.
Wir erkennen daran, daß wir in ihm sind.
Wer sagt, daß er in ihm bleibt,
muß auch leben, wie er gelebt hat.

A: *Der Herr ist uns geboren. –*
Kommt, wir beten ihn an.

Lasset uns beten.
Herr Jesus Christus, wir schauen in dir, wie Gott wirklich ist: Du gibst dein Leben für uns hin aus Liebe, damit wir das Leben haben und die Liebe in uns wachse. Laß uns in dir bleiben, wie du in uns bleibst, und laß uns einander lieben, wie du uns geliebt hast. Dann werden wir Gottes Licht in der Welt leuchten lassen. Amen.

GL 140,5

GL 540,1–3
Sei gelobt, Herr Jesus Christ

GEPRIESEN BIST DU IN EWIGKEIT,
Herr, unser Gott. (V/A)

V: Du warst wie Gott,
hieltest aber nicht daran fest,
Gott gleich zu sein,
du entäußertest dich,
wurdest wie ein Sklave
und den Menschen gleich.

A: *Gepriesen bist du in Ewigkeit,*
Herr, unser Gott.

V: Dein Leben war das eines Menschen.
Du erniedrigtest dich,
warst gehorsam bis zum Tod,
bis zum Tod am Kreuz.

A: *Gepriesen bist du in Ewigkeit,*
Herr, unser Gott.

V: Darum hat Gott dich über alle erhöht
und dir den Namen verliehen,
der jeden Namen übertrifft.

A: *Gepriesen bist du in Ewigkeit,*
Herr, unser Gott.

V: Damit vor deinem Namen, Jesus,
alle Mächte im Himmel,
auf der Erde und unter der Erde
ihre Knie beugen
und jede Zunge bekennt:
Jesus Christus, du bist der Herr
zur Ehre Gottes, des Vaters.

A: *Gepriesen bist du in Ewigkeit,*
Herr, unser Gott.

Lasset uns beten.
Herr Jesus Christus, im gebrochenen Brot hast du uns ein Zeichen deiner Hingabe hinterlassen. Erfülle uns mit deinem Geist, daß auch wir aneinander so handeln, wie du es uns vorgelebt hast. Dir danken wir, dich preisen wir in Ewigkeit, dich, den Herrn, unseren Gott. Amen.

GL 540,4

GL 538,1–6
O heilger Leib des Herrn

DU, HERR, BIST UNSER HIRTE.
Du bist mit uns,
uns wird nichts fehlen.
Du läßt uns lagern auf grünen Auen
und führst uns zum Ruheplatz am Wasser –
du stillst unser Verlangen.

A: *Kostet und seht, wie gut der Herr.*
Halleluja. Halleluja (GL 471).

V: Herr, wie kostbar ist deine Huld.
Wir Menschen bergen uns
im Schatten deiner Flügel.
Denn bei dir ist die Quelle des Lebens,
in deinem Licht
schauen wir das Licht.

A: *Kostet und seht, wie gut der Herr.*
Halleluja. Halleluja.

V: Aller Augen warten auf dich,
und du gibst ihnen Speise
zur rechten Zeit.
Du öffnest deine Hand
und sättigst alles, was lebt,
nach deinem Gefallen.

A: *Kostet und seht, wie gut der Herr.*
Halleluja. Halleluja.

V: Wir suchen dich, Herr,
du kommst uns entgegen
und nimmst uns auch
mit unsern Ängsten an.
Reiche müssen darben und hungern;
doch wer dich sucht,
der braucht kein Gut zu entbehren.

A: *Kostet und seht, wie gut der Herr.*
Halleluja. Halleluja.

Lasset uns beten.
Herr Jesus Christus, wahrer Mensch und wahrer Gott, du hast dich am Kreuz für uns hingegeben, um den Tod in Leben zu verwandeln. Damit wir teilhaben an diesem Leben, bist du uns zur Speise geworden. Bei dir dürfen wir leben, uns ausruhen, still werden. Wir dürfen uns sättigen an dem Gut, das du selbst bist, und in deinem Licht schon jetzt das Licht Gottes schauen. Amen.

GL 538,7

GL 554,1–2
Wie schön leuchtet der Morgenstern

JESUS CHRISTUS SAGT:
Ich bin der wahre Weinstock
und mein Vater ist der Winzer.
Jede Rebe an mir,
die Frucht bringt,
reinigt er,
damit sie mehr Frucht bringt.
Bleibt in meiner Liebe.

A: *Wer allzeit lebt in deiner Liebe,*
bringt seine Frucht zur rechten Zeit
(GL 536,2).

V: Bleibt in mir,
dann bleibe ich in euch.
Wie die Rebe aus sich
keine Frucht bringen kann,
sondern nur, wenn sie am Weinstock beibt,
so könnt auch ihr keine Frucht bringen,
wenn ihr nicht in mir bleibt.

A: *Wer allzeit lebt in deiner Liebe,*
bringt seine Frucht zur rechten Zeit.

V: Ich bin der Weinstock,
ihr seid die Reben.
Wer in mir bleibt
und in wem ich bleibe,
der bringt reiche Frucht;
getrennt von mir könnt ihr nichts vollbringen.

A: *Wer allzeit lebt in deiner Liebe,*
bringt seine Frucht zur rechten Zeit

V: Wie mich der Vater geliebt hat,
so habe ich euch geliebt.
Bleibt in meiner Liebe.
Es gibt keine größere Liebe,
als wenn einer sein Leben hingibt
für seine Freunde.

A: *Wer allzeit lebt in deiner Liebe,*
bringt seine Frucht zur rechten Zeit

Lasset uns beten.
Herr Jesus Christus, getrennt von dir vermögen wir nichts. So bitten wir dich: Sei uns nahe, stärke und belebe uns, damit wir deine Jünger sein können, reiche Frucht bringen und deinen Vater im Himmel verherrlichen. Amen.

GL 554,3

GL 274,1–5
Dich will ich rühmen, Herr und Gott

JESUS SPRACH:
Mich erbarmt der Menschen.
Sie sind bei mir
und sie haben nichts zu essen.
Ich will sie nicht hungrig wegschicken,
damit sie nicht zusammenbrechen.

A: *Unser tägliches Brot gib uns heute.*

V: Jesus nahm die Brote,
er blickte zum Himmel
und sprach den Lobpreis.
Er brach die Brote
und gab sie den Jüngern,
seine Jünger aber gaben sie den Leuten.
Alle aßen und wurden satt.

A: *Unser tägliches Brot gib uns heute.*

V: So spricht der Herr:
Müht euch nicht ab für die Speise,
die verdirbt, sondern für die Speise,
die für das ewige Leben bleibt
und die der Menschensohn euch geben wird.
Denn ihn hat Gott, der Vater,
mit seinem Siegel beglaubigt.

A: *Unser tägliches Brot gib uns heute.*

V: Ich bin das Brot des Lebens.
Wenn jemand davon ißt,
wird er nicht sterben.
Ich bin das lebendige Brot,
das vom Himmel herabgekommen ist.
Das Brot, das ich geben werde,
ist mein Fleisch für das Leben der Welt.

A: *Unser tägliches Brot gib uns heute.*

Lasset uns beten.
Herr Jesus Christus, unsere Augen sehen Brot, doch der Glaube bekennt: Du selbst bist hier. Du willst dich uns in der Gestalt dieses Brotes reichen, um uns nicht hungrig fortzuschicken und um uns ewiges Leben zu schenken. Laß uns leben von dir. Laß uns leben in dir. Laß uns leben mit dir für die Brüder und Schwestern zur Ehre Gottes, des Vaters. Amen.

GL 274,7

GL 546,1–4
Gottheit tief verborgen

JESUS SAGTE ZU TOMAS:
Leg deinen Finger hierher
und sieh meine Hände;
nimm deine Hand
und lege sie in meine Seite,
und sei nicht ungläubig,
sondern gläubig.
Tomas antwortete ihm:
Mein Herr und mein Gott!

A: *Mein Herr und mein Gott!*

V: Jesus sagte zu Marta:
Ich bin die Auferstehung und das Leben.
Wer an mich glaubt,
wird leben, auch wenn er stirbt,
und jeder, der lebt und an mich glaubt,
wird auf ewig nicht sterben.
Glaubst du das?
Marta antwortete ihm:
Ja, Herr, ich glaube,
daß du der Sohn Gottes bist.

A: *Mein Herr und mein Gott!*

V: Als Jesus hörte,
daß man den Blindgeborenen,
den er geheilt hatte,
hinausgestoßen hatte,
sagte er zu ihm:
Glaubst du an den Menschensohn?
Der Mann antwortete:
Wer ist das, Herr?
Sag es mir, damit ich an ihn glaube!
Jesus sagte zu ihm:
Du siehst ihn vor dir.
Er aber sagte:
Ich glaube, Herr,
und warf sich vor ihm nieder.

A: *Mein Herr und mein Gott!*

Lasset uns beten.
Herr Jesus Christus, führe uns aus der Angst in die Zuversicht; löse unsere Blindheit und mach uns sehend; wandle unseren Zweifel in den Glauben an dich, damit wir dich bekennen als den Herrn, unseren Gott, und laß uns dich dereinst schauen, wie du bist. Amen.

GL 546,7

Lied S. 74
Du bist der Weg, auf dem wir schreiten

Während der Übertragung:

A: *Refrain: Christ Kyrie, Christ Kyrie (mehrmals)*

HERR JESUS CHRISTUS,
du hast gesagt:
Keiner kommt zum Vater
außer durch mich. –
Wir sind Suchende,
Irrende, Heimatlose
in unserem Leben.
Zeige uns den Vater;
sei uns Weg zu deinem Vater;
sei uns Licht auf diesem Weg
und die Tür zum Vaterhaus.

A: *1. Du bist der Weg, auf dem wir schreiten…*

V: Herr Jesus Christus,
du hast gesagt:
Wer an mich glaubt,
wird ewig leben,
auch wenn er stirbt. –

Der Tod am Ende unseres Lebens
und die vielen kleinen Tode
in unserem Leben sind es,
die uns bedrohen.
Schenke uns Anteil an deinem Leben,
deinem göttlichen, ewigen Leben,
doch nicht erst dereinst:
Laß uns leben aus dir,
schon jetzt, in deinem Heiligen Geist.

A: *2. Du bist die Wahrheit und das Leben…*

V: Herr Jesus Christus,
du hast gesagt:
Ich bin der Weinstock,
ihr seid die Reben. –
Aus dem Boden der Erde
und dem Licht der Sonne
zieht die Traube ihre Kraft.
So laß uns Kraft finden in dir,
menschgewordener Gott,
aus deinem irdischen Leben
und deiner himmlischen Vollendung
bei Gott.

A: *3. Du bist der Weinstock, wir die Reben...*

Herr Jesus Christus,
du hast gesagt:
Ich bin das Brot des Lebens,
das vom Himmel herabgekommen ist. –
Wir haben unser tägliches Brot,
wir haben unser Auskommen
und Einkommen,
und doch bleibt die Sehnsucht.
Stille diese Sehnsucht
mit deinem Wort
und deinem Brot,
das du selber bist.

A: 4. Du bist das Wort, auf das wir hören...

Gesänge und Lieder

Zu singen nach Melodie GL 504
O Herr, wir loben und preisen dich

O HERR, WIR LOBEN UND PREISEN DICH
und danken dir von Herzen.

2. Wir loben dich, Herr Jesus Christ,
du bist zu uns gekommen.

3. Du zeigst uns deines Vaters Bild:
ein Gott der Menschenliebe.

4. Verborgen bist du unter uns
als unser aller Bruder.

5. Du bist uns nah in deinem Wort,
es ist uns Licht und Wahrheit.

6. Du speisest uns, weil du uns liebst,
du bist das Brot des Lebens.

7. Du sendest uns in unsre Welt,
um Zeugnis abzulegen.

8. Dein Heil'ger Geist uns dazu stärkt,
er ist uns Trost und Beistand.

9. Zu Mahl der ew'gen Herrlichkeit
willst du uns alle führen.

10. Maranatha, so komm doch, Herr.
Wir preisen dich, Herr Jesus.

Zu singen nach Melodie GL 677,1.2
Preist den dreifaltigen Gott

PREISET DEN HERRN, UNSERN GOTT;
er schenkt sich uns selbst, seinen heiligen Leib. (V/A)

V: Gepriesen bist du, Herr, du Quelle des Lebens,
A: *gerühmt und verherrlicht in Ewigkeit.*

V: Gepriesen bist du, Herr, du Hirt deiner Herde,
A: *gerühmt und verherrlicht in Ewigkeit.*

V: Gepriesen bist du, Herr, der du dich uns als Speise gibst,
A: *gerühmt und verherrlicht in Ewigkeit.*

V: Gepriesen bist du, Herr, du Brot der Engel,
A: *gerühmt und verherrlicht in Ewigkeit.*

V: Gepriesen bist du, Herr,
der du mit uns Gemeinschaft hältst,
A: *gerühmt und verherrlicht in Ewigkeit.*

V: Gepriesen bist du zu allen Zeiten,
A: *gerühmt und verherrlicht in Ewigkeit.*

Jesus Christus: Wahrheit, Weg und Leben

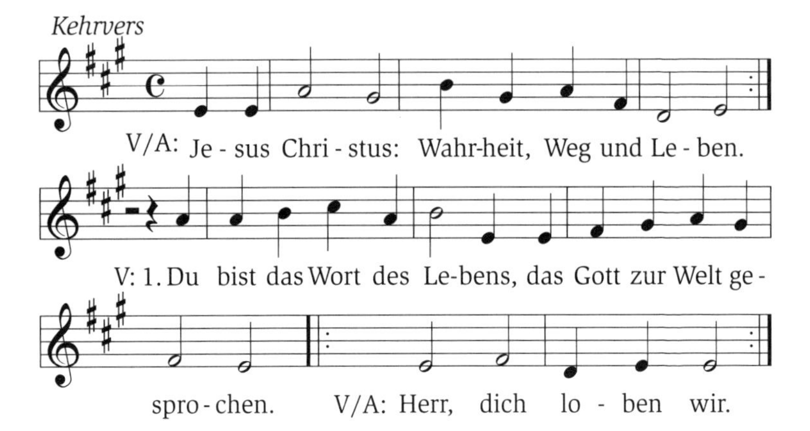

V: Du bist als Mensch erschienen
und wurdest unser Bruder.

A: *Herr, dich loben wir.*

V: Du kündest uns vom Vater
und zeigst uns seine Liebe.

A: *Herr, dich loben wir.*

V: Dein Wort ist Licht und Wahrheit,
ein Weg für unser Leben.

A: *Herr, dich loben wir.*

V/A: Jesus Christus: Wahrheit, Weg und Leben.

V: Du schaust ins Herz der Menschen
und bist uns Freund und Lehrer.

V/A: *Herr, dich preisen wir.*

V: Du kennst die Last der Erde und
bist uns nah als Helfer.

A: *Herr, dich preisen wir.*

V: Du trägst die Not der Menschen
und wandelst Leid in Segen.

A: *Herr, dich preisen wir.*

V: Du hast den Tod erlitten,
um Leben uns zu schenken.

A: *Herr, dich preisen wir.*

V/A: Jesus Christus: Wahrheit, Weg und Leben.

V: Du bist der gute Hirte,
führst uns auf deine Weide.

V/A: *Herr, dir danken wir.*

V: Du gibst dich uns als Speise,
als Brot des ew'gen Lebens.

A: *Herr, dir danken wir.*

V: Du füllst uns reich den Becher
und läßt uns nicht mehr dürsten.

A: *Herr, dir danken wir.*

V: Du stillst unser Verlangen,
in dir finden wir Ruhe.

A: *Herr, dir danken wir.*

V/A: Jesus Christus: Wahrheit, Weg und Leben.

Adoramus te, domine

M: J. Berthier

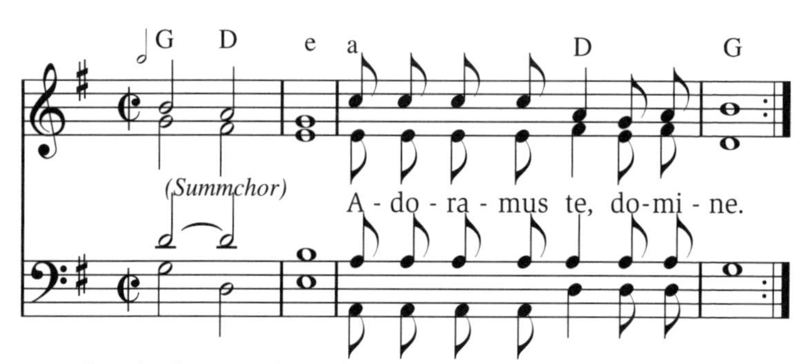

mehrmals, dann einzelne/r über leise singende A:

2. Mit den Heiligen, vollendet im Himmel: Adoramus te …
3. Mit den Menschen, die deinen Namen tragen: Adoramus te …
4. Mit allen, die deine Liebe leben: Adoramus te …
5. Mit allen, die dein Wort verkünden: Adoramus te …
6. Mit allen, die dich jetzt empfangen: Adoramus te …
7. Mit allen unseren Sinnen: Adoramus te …
8. Mit der Kraft unsres kleinen Glaubens: Adoramus te …
9. Mit der Sehnsucht unsrer bangen Hoffnung: Adoramus te …
10. Mit der Glut unsrer armen Liebe: Adoramus te …

(immer leiser werdend ausklingen lassen)

T: Strophe 2–10: G. Fuchs 2000

Jesus, du bist der Sohn des lebendigen Gottes

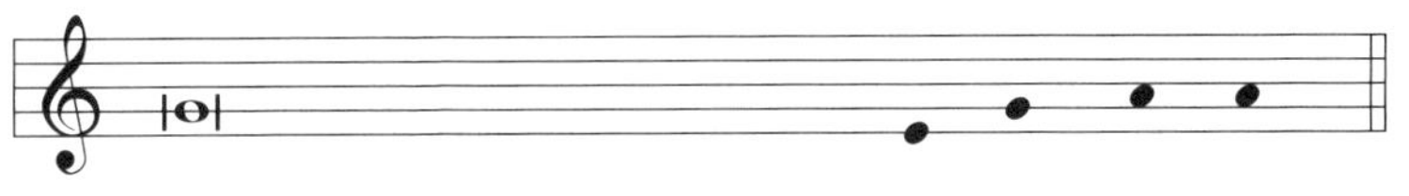

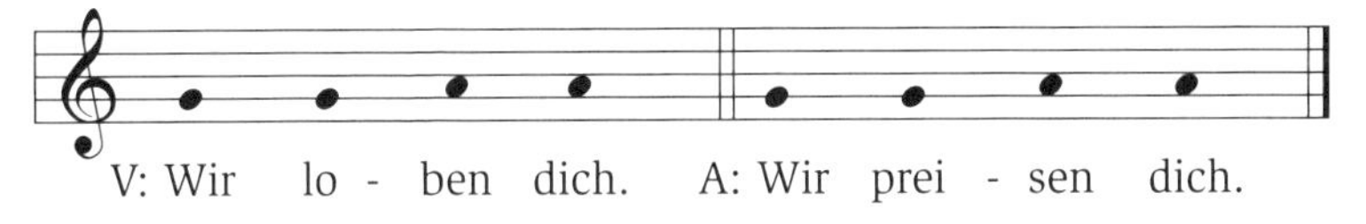

V: Jesus, du bist das Abbild des unsichtbaren Gottes.

A: *Wir loben dich …*

V: Jesus, du bist das Weizenkorn, das in die Erde gelegt wurde und starb.

V: Jesus, du bist das Brot, von dem wir leben.

V: Jesus, du bist der Wein, der uns Freude schenkt.

V: Jesus, du bist das Licht, durch das wir sehen.

V: Jesus, du bist der Weg, auf dem wir gehen.

V: Jesus, du bist die Wahrheit, die wir glauben.

V: Jesus, du bist das Leben, das wir brauchen.

Herr Jesus Christus, wir bitten dich: Das Brot, das du uns schenken willst und das du selbst bist, gereiche uns nicht zum Gericht und zur Verdammnis, sondern zum ewigen Leben mit dir und deinem Vater im Heiligen Geist. Amen.

Heile uns, Herr

T: G. Fuchs 2000
M: G. Fuchs 2000

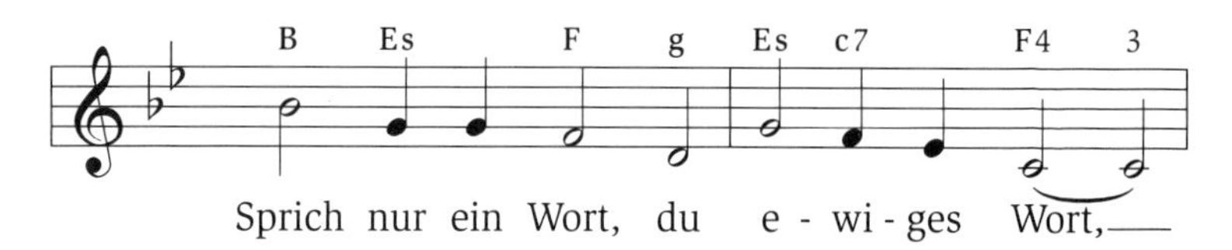

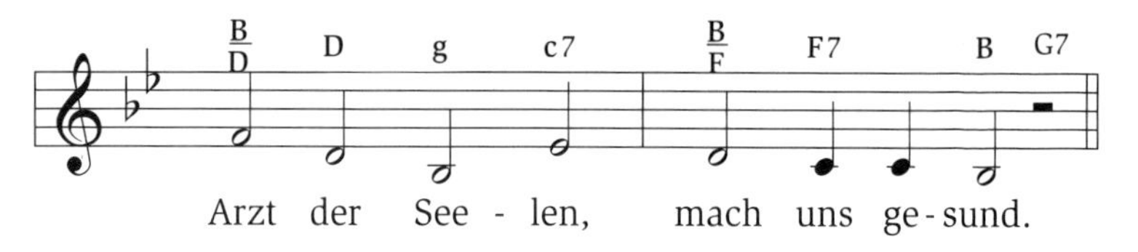

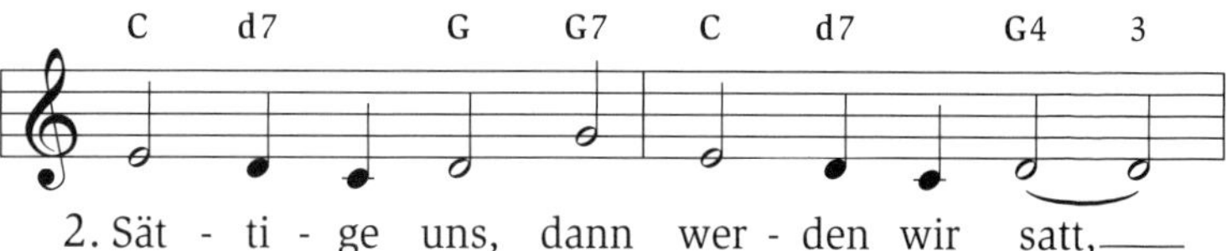

C F G a F d7 G4 3
Gib uns dein Brot, le - ben - di - ges Brot,
C/E E a d7 C/G G7 C A7
sei un - ser Hir - te, Got - tes Lamm.
D e7 A A7 D e7 A4 3
3. Leuch - te uns, Herr, dann wer - den wir Licht.
D/Fis e7 A fis h E A 7
Zeig uns dein Ant - litz, daß wir Gott schaun.
D G A h G e7 A4 3
Tag oh - ne A - bend, ver - treib uns - re Nacht,
D/Fis Fis h e7 D/A A7 D
du Gott - mit - uns, bleib bei uns, Herr.

Gott ist gegenwärtig

T: G. Tersteegen (vor 1727); 1729
M: J. Neander 1680

2. Du durchdringest alles;
laß dein schönstes Lichte,
Herr, berühren mein Gesichte.
Wie die zarten Blumen
willig sich entfalten
und der Sonne stille halten,
laß mich so
still und froh
deine Strahlen fassen
und dich wirken lassen.

3. Herr, komm in mir wohnen,
laß mein' Geist auf Erden
dir ein Heiligtum noch werden;
komm, du nahes Wesen,
dich in mir verkläre,
daß ich stets dich lieb und ehre.
Wo ich geh,
sitz und steh,
laß mich dich erblicken
und vor dir mich bücken.

Zu Strophe 2 paßt folgende vielleicht bekannte Erzählung: Dem Missionar einer Buschkirche in Neuguinea fiel ein Mann auf, der immer nach der Sonntagsmesse noch lange Zeit auf dem Balken knien blieb, den man dort anstelle einer Kniebank gebrauchte. Der Mann konnte nicht lesen. Er schaute nur mit über der Brust gekreuzten Armen zum Tabernakel hinter dem Altar. Einmal nahm sich der Missionar ein Herz und fragte den Mann, was er denn da die ganze Zeit bete. Der antwortete lächelnd: „Ich halte meine Seele in die Sonne."

Du bist der Weg

T: A. Bartsch 1967
M: T. Rothenberg 1967

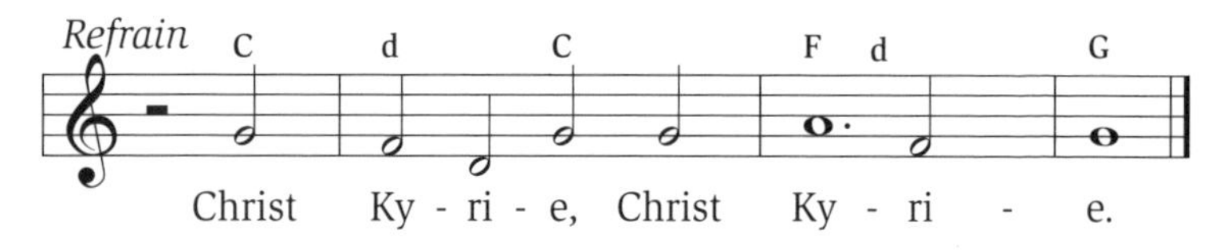

Schweige und staune

T: nach „Schweige und höre“
M: aus England

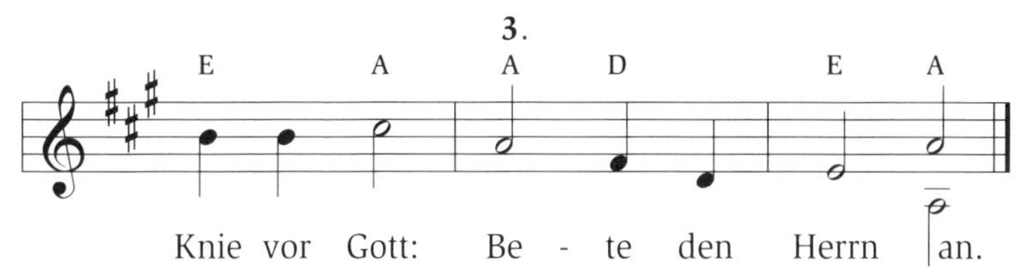

Ich will glauben: Du bist da

T: W. Töllner 1984
M: P. Bubmann 1989

e e a e A7 A7
Refr.: Ich will glau-ben: Du bist da, kommst zu mir und

H e D7 e D G
bist mir nah. Du fühlst mit mir, nimmst mich an,

e h D4 D
seg - nest, wie es sonst nie - mand kann.

e e A H E
Schluß Ich will glau - ben: Du bist da.

G e a D7 G H7 e
Str.: 1. Gott, von dir kommt al - les her, du bist un - ser
2. Gott, zu dir führt stets ein Weg, du bist Mensch ge-
3. Gott, durch dich wird al - les neu, du bist Geist und

A7 H G G
Va - ter. Du schufst Le - ben,
wor - den. Hast mein Kreuz auf
Wahr - heit. Gib uns Ein - sicht

a D G F H4 H
Land und Meer, mäch - ti - ger Be - ra - ter!
dich ge - legt, hältst mich ganz ge - bor - gen.
und ver - leih Zu - ver - sicht und Klar - heit.

Strahlen brechen viele aus einem Licht

T: D. Trautwein 1976, nach einem schwedischen Lied von Anders Frostenson
M: O. Widestrand 1974

2. Zweige wachsen viele aus einem Stamm. / Unser Stamm heißt Christus. / Zweige wachsen viele aus einem Stamm – / und wir sind eins durch ihn.

3. Gaben gibt es viele, Liebe vereint. / Liebe schenkt uns Christus. / Gaben gibt es viele, Liebe vereint – / und wir sind eins durch ihn.

4. Dienste leben viele aus einem Geist, / Geist von Jesus Christus. / Dienste leben viele aus einem Geist – / und wir sind eins durch ihn.

5. Glieder sind es viele, doch nur ein Leib. / Wir sind Glieder Christi. / Glieder sind es viele, doch nur ein Leib – / und wir sind eins durch ihn.

Weinstock und Rebe

T: Friedrich Dörr 1935
M: Guido Fuchs 2000

Einladungen zur Kommunion

Kostet und seht, wie gütig der Herr ist. (Alleluja, alleluja.)

Wer in der Liebe Christi bleibt, der bringt reiche Frucht.

Mit Glaube, Liebe und Gottesfurcht tretet herzu.

Der Herr kommt als König – wohl dem, der sich ihm öffnet.

Wer von diesem Brot ißt, wird in Ewigkeit leben.

Wer leben will wie Gott auf dieser Erde,
muß werden wie ein Weizenkorn.

Selig, die nicht sehen und doch glauben:
Mein Herr und mein Gott!

Als Brot für viele Menschen hat uns der Herr erwählt;
wir leben füreinander und nur die Liebe zählt.

Empfangt, was ihr seid: Leib Christi.
Seid, was ihr empfangt: Leib Christi!

Der Herr gibt sich selbst, verschenkt sich wie Brot:
Wer davon ißt, verkündet, daß er lebt.

Dankgebete

HERR, GOTT, ALLMÄCHTIGER,
Vater deines geliebten und gesegneten Sohnes
Jesus Christus,
durch den wir Kenntnis von dir erhalten haben,
du Gott der Engel und Mächte
und der ganzen Schöpfung
sowie all jener, die in deinem Lichte leben:
Wir lobpreisen dich und danken dir,
daß du uns gewürdigt hast,
Anteil zu erlangen am Leib deines Christus
zur Auferstehung ewigen Lebens
in der Unversehrtheit des Heiligen Geistes.
Wir bitten dich:
Laß uns dereinst Platz finden
beim Gastmahl deiner Herrlichkeit;
laß uns Gäste sein,
deren Gewand dir gefällt.
Dir danken wir, dich loben wir
durch Jesus Christus, deinen geliebten Sohn.
Durch ihn und mit ihm ist dir im Heiligen Geist
alle Verherrlichung jetzt und in Ewigkeit.
Amen.

HERR, WIR DANKEN DIR FÜR DEINE GABE,
die wir empfangen durften.
Bewahre jede und jeden in deinem Segen
und uns in der Liebe zu dir.
Bleibe bei uns, Herr,
baue uns als deine Gemeinde auf.
Laß uns und alle, die deinen Namen anrufen
und an dich glauben,
vereint werden zu einem, zu *deinem* Leib.
Du, Herr, bist die Quelle,
die uns nie versiegt.
Du bist der Brunnen des Wassers,
aus dem uns ewiges Leben quillt.
Dir sei Lob, Dank und Preis in Ewigkeit.
Amen.

VATER IM HIMMEL,
wir danken dir für die Gemeinschaft
im Namen Jesu Christi, deines lieben Sohnes,
unseres Herrn.
Du hast offenbar werden lassen,
daß du ein großes Volk hast.
Dein heiliger Geist hat uns zusammengeführt,
dein Wort hat uns erleuchtet und Mut gemacht,
nach der Wahrheit
und der Gerechtigkeit zu fragen
und für den Weg deiner Gemeinde
in unserem Volk
und in der Welt zu bitten.
Alle Erkenntnis, die wir gewonnen haben,
ist dein Werk.
Dein Werk ist es, zu dem wir uns neu rüsten.
Wir bitten dich, weise uns, Herr, deinen Weg;
rüste mit Klarheit und Weisheit,
mit Kraft und Vollmacht aus,
die in der Leitung und Vorbereitung,
in der Wortverkündigung und Wegweisung arbeiten.
Hilf, daß jeder Dienst dich ehrt.

Laß uns, o Herr, anhaltend beten
im Vertrauen auf deine Macht und Güte,
daß wir den Segen empfangen,
den du bereitet hast für alle,
die du herzuführen wirst.
Laß durch deine Barmherzigkeit
auf deine wunderbare Weise
an der sichtbaren Gemeinschaft Anteil haben,
die fern bleiben müssen,
die einsam und gefangen sind.

Herr,
baue dein Reich
inmitten der Reiche der Welt,
bis es uns für alle Ewigkeit
anbricht in Herrlichkeit.
Vergib uns unsere Schuld!
Erbarme dich unser!
Segne uns, Gott Vater, Sohn und Heiliger Geist!
Amen.

VATER IM HIMMEL,
wir danken dir für die Gnade,
die du uns in deinem Sohn Jesus Christus
geschenkt hast:
Das ewige Leben,
von dem wir kosten durften
in der Kommunion.
Du hast uns reich beschenkt,
obwohl wir dir nichts bieten können
als uns selbst.
Du gabst uns vergänglichen Menschen
das unvergängliche Leben,
uns Sündern das Heil.
Du willst uns auch weiterhin
die Kraft zum Leben geben,
denn du bist uns treu.
Führe uns zum ewigen Leben
und zur endgültigen Schau
deines göttlichen Wesens
in der Gemeinschaft mit Jesus Christus,
unserem Bruder und Herrn.

Schlußgebete für Kommunionfeiern

HERR, GUTER GOTT,
du beschenkst uns reich mit Gaben.
Laß uns immer neu
ihre heilende Kraft erfahren
und dich ohne Ende loben.
Darum bitten wir durch Jesus Christus, unseren Herrn.

BARMHERZIGER VATER,
durch diese Feier
schenkst du uns Gemeinschaft mit deinem Sohn.
Mach uns auf Erden Christus ähnlich
und führe uns im Himmel zur Einheit mit ihm,
der mit dir lebt und herrscht in alle Ewigkeit.

HERR, UNSER GOTT,
durch dein Wort und Sakrament
nährst und stärkst du uns.
Laß uns durch diese großen Gaben
in der Liebe wachsen
und für immer verbunden bleiben
mit deinem Sohn,
der mit dir lebt und herrscht in alle Ewigkeit.

GOTT, UNSER HEIL,
wir danken dir
für dein Wort und das Brot des Lebens.
Durch diese Gaben erfülle uns mit deinem Geist,
daß wir nicht müde werden auf dem Weg zu dir.
Darum bitten wir durch Jesus Christus, unseren Herrn.

GOTT, UNSER VATER,
im Heiligen Geist mit dir verbunden
haben wir Christus,
das Brot des Lebens, empfangen.
Durch dieses Sakrament
nähre unseren Glauben an dich,
der du in der Einheit des Heiligen Geistes
lebst in Ewigkeit.

GOTT, UNSER VATER,
du hast uns in dieser Feier mit
Brot vom Himmel gestärkt.
Erfülle uns mit dem Geist deiner Liebe
und laß uns eins sein
durch Jesus Christus, unseren Herrn.

GOTT, DU HIRT DEINER HERDE,
du hast uns genährt
mit dem lebendigen Brot,
das vom Himmel kommt.
Deine Liebe,
die wir im Sakrament
empfangen haben,
dränge uns,
dir in unseren Schwestern
und Brüdern zu dienen.
Darum bitten wir durch Jesus Christus, unseren Herrn.

HERR JESUS CHRISTUS,
wir danken dir,
daß du dich uns geschenkt hast.
Wir danken dir für dein Wort,
durch das du zu uns sprichst.
Wir danken dir für deinen Leib,
mit dem du uns stärkst.
Binde uns immer mehr an dich,
damit wir in allem mit dir verbunden bleiben.
Denn du bist unser Bruder und Herr.
Dir sei Lob und Ehre in Ewigkeit.

GUTER GOTT,
in dieser Feier des Gottesdienstes
haben wir deine Nähe
zu uns Menschen erfahren dürfen:
In der Gemeinschaft untereinander,
im Wort der Schrift,
im Zeichen des Brotes.
Sei mit uns, wenn wir jetzt auseinandergehen,
damit die Menschen, denen wir begegnen,
diese Liebe spüren können,
die du uns schenkst
in Jesus Christus, deinem Sohn,
der unser Bruder ist und unser Herr.

HERR, UNSER GOTT,
in diesem Gottesdienst
haben wir das Wort des Lebens gehört
und geistliche Speise empfangen.
Sei uns nahe auch über diese Stunde
des Gottesdienstes hinaus,
damit wir dich
mit unserem Leben verkünden können.
Darum bitten wir durch Jesus Christus.

GUTER GOTT,
am Ende dieses Gottesdienstes
wollen wir dir noch einmal danken.
Danken dafür,
daß wir die Gemeinschaft
von Menschen erfahren durften,
die an dich glauben und aus dir leben.
Danken dafür,
daß du uns dein Wort geschenkt hast,
das uns trägt und leitet.
Danken dafür,
daß du uns nahe bist in Jesus Christus,
der uns sich selbst geschenkt hat.
Laß uns als dankbare Menschen leben
auch in den nächsten Tagen,
damit die Menschen,
denen wir begegnen,
uns als deine Kinder erleben.
Darum bitten wir durch
Jesus Christus,
der unser Bruder ist
und unser Herr.

Schlußgebete zu Liedern

GL 642
Eine große Stadt entsteht

JESUS CHRISTUS HAT GESAGT:
„Ich bin das lebendige Brot,
das vom Himmel herabgekommen ist.
Wer von diesem Brot ißt,
wird in Ewigkeit leben.“ –
Guter Gott,
das Brot, das wir empfangen haben,
ist ein Zeichen der zukünftigen Welt,
ein Zeichen des Lebens in Fülle,
ein Zeichen der Unsterblichkeit.
Laß uns aus diesem Glauben leben,
bis wir in der ewigen Stadt
dich schauen dürfen
von Angesicht zu Angesicht.
Darum bitten wir durch Jesus Christus.

GL 514
Wenn wir jetzt weitergehen

GUTER GOTT,
wir sagen dir Dank
für dein Wort, das uns begleitet,
wenn wir jetzt auseinandergehen.
Wir sagen Dank für Jesus, deinen Sohn,
er ist das Brot, das unseren Hunger stillt.
Wir danken auch für die Erfahrung
deines Heiligen Geistes –
nicht nur hier und heute,
sondern überall dort,
wo etwas von deinem Reich
und deiner Liebe zu uns Menschen
spürbar wird.
Wir sagen dir Dank, Herr, unser Gott,
Vater, Sohn und Heiliger Geist.

GL 473,1.3
Im Frieden dein

GOTT, UNSER VATER,
du hast uns bei dir Gast sein lassen.
Wir haben das Wort
und das Brot des Lebens
zur Stärkung erhalten.
Wir sind deine Gemeinde,
die sich zu dir bekennt,
aus deiner Liebe lebt und
deine Liebe weitergeben will –
mit Hand und Mund.
Wir bitten dich:
Laß keinen von uns ohne deinen Segen
nach Hause gehen,
damit die Gemeinschaft im Heiligen Geist
uns auch weiterhin trägt.
Darum bitten wir durch Jesus Christus,
deinen Sohn, unseren Bruder und Herrn.

GL 269
Nun saget Dank und lobt den Herren

HERR, UNSER GOTT,
wir danken dir für diese Stunde,
die wir in deiner Nähe verbringen durften.
Wir haben dein Wort gehört,
das uns Mut macht,
die Gemeinschaft erfahren,
die uns im Glauben trägt,
und das Brot des Lebens empfangen.
Laß uns immer daran danken:
jeder Tag, den wir leben,
ist ein Tag, den du gemacht hast.
So gib uns aus dieser Stunde die Kraft,
mit unserem Leben den Menschen
deine Barmherzigkeit zu künden.
Darum bitten wir durch Jesus Christus.

GL 264
Mein ganzes Herz erhebet dich

HERR, UNSER GOTT,
du hast dein Wort zu uns gesprochen,
das unser Leben hell machen kann.
Du hast auf unser Gebet gehört
und weißt, was uns bewegt.
Wir bitten dich:
Laß uns durch die Begegnung mit dir
ruhig werden in dem, was uns bewegt,
und unsere Seele still –
wie ein Kind auf der Mutter Schoß.
Darum bitten wir durch Jesus Christus.

Quellen und Rechte

Texte

S. 18: nach einem Gebet Johannes' XXIII., Geistliches Tagebuch. S. 20: Drutmar Cremer, Sing mir das Lied meiner Erde, Echter-Verlag, Würzburg 1978, 160–162, Rechte beim Verfasser. S. 25: nach GL 779,1. S. 26: nach einem Kommuniongesang der ambrosianischen Liturgie. S. 33, 38: nach Burkhard Heim, Neue Gebete im Gottesdienst, Dritte Folge, Edition Sonnenweg, Neukirchen-Vluyn 1996. S. 35: nach GL 779,6; S. 37: nach Kommt, wir beten an. Gebete und Texte zur Verehrung der Eucharistie, hg. von der Kommission für Liturgie der Diözese Augsburg, Augsburg 1997. S. 41: Nach MB 1975. S. 64: nach GL 504. S. 66: Text nach F. Dörr 1966, GL-Diözesananhang Eichstätt Nr. 880,4. S. 82: nach dem Dankgebet des Polykarp von Smyrna. S. 83, 84: nach Ökumenische Gebete, hg. von Reinhard Mumm, Verlag Friedrich Pustet/Quell Verlag, Regensburg/Stuttgart 1991. S. 86: nach GL 3,5; S. 88–90: Lebendig ist Gottes Wort. Feier von Gottesdiensten unter der Leitung von Laien, hg. vom Bistum Essen 1997, 283–284.

Lieder

S. 66: Jesus Christus, Wahrheit, Weg und Leben – M: nach GL 522. S. 68: Adoramus te, domine – Kehrvers und 1. Strophe: M: J. Berthier, ©Ateliers et Presses de Taizé, 71250 Taizé-Communaute, Frankreich; 2.–10. Strophe: Rechte beim Autor. S. 69: Jesus, du bist der Sohn des lebendigen Gottes – M: nach Benediktionale 1978, 419. S. 70: Heile uns, Herr – Strophe 1 nach „Heile Du mich, Herr" aus: Euer Herz soll sich freuen. Lieder, Kanons, Gebetsrufe, Christusbruderschaft Selbitz, Verlag. M: Rechte beim Autor. S. 74: Du bist der Weg, auf dem wir schreiten – Theophil Rothenberg, Berlin. S. 76: Ich will glauben: Du bist da – Strube Verlag, München. S. 77: Strahlen brechen viele aus einem Licht – Strube Verlag, München. S. 78: Weinstock und Rebe – T: Friedrich Dörr, aus: In Hymnen und Liedern Gott loben, Geistliche Texte zum Beten und Singen, Verlag Friedrich Pustet, Regensburg 1983, 74; M: Rechte beim Autor.

Trotz intensiver Recherchen ist es nicht allen Fällen gelungen, die jeweiligen Rechteinhaber auszumachen. Etwaige Ansprüche mögen bitte an den Verlag Friedrich Pustet, Regensburg, gerichtet werden.

Einige der Texte sind bereits in LITURGIE KONKRET DIGITAL erschienen und wurden für dieses Buch entsprechend bearbeitet.